DISCOURS

DE

MGR L'ARCHEVÊQUE DE PARIS.

PARIS. — IMPRIMERIE D'ADRIEN LE CLERE ET Cᵉ,
Quai des Augustins, n° 35.

OEUVRE

DES ORPHELINS DE S. VINCENT DE PAUL,

PAR SUITE DU *CHOLÉRA-MORBUS.*

DISCOURS

PRONONCÉ

PAR MGR L'ARCHEVÊQUE DE PARIS.

EN L'ÉGLISE MÉTROPOLITAINE,

A L'ASSEMBLÉE GÉNÉRALE LE 29 DÉCEMBRE 1834,

PRÉCÉDÉ D'UNE NOTICE

ET PUBLIÉ PAR LE CONSEIL DE L'OEUVRE

AU PROFIT DES ORPHELINS.

PARIS.
AD. LE CLERE ET Cie, IMPRIMEURS-LIBRAIRES,
QUAI DES AUGUSTINS, N° 35.

1835.

NOTICE

SUR L'ORIGINE, LE BUT, L'ORGANISATION,

LES PROGRÈS ET LES RÉSULTATS

DE L'OEUVRE DES ORPHELINS DE S*t*. VINCENT DE PAUL.

PAR SUITE DU *CHOLÉRA-MORBUS.*

Origine.

L'ORIGINE de la plupart des OEuvres et des Etablissemens charitables, de la plupart des Fondations et Institutions religieuses remonte à quelques-unes de ces mémorables calamités qui, de siècle en siècle, sont venues porter l'épouvante parmi les nations : à une famine, à une guerre, à une peste, à une révolution. C'est alors que la Religion, cette grande consolatrice de l'humanité souffrante, et son inséparable compagne, la Charité, brillent de leur éclat le plus pur ; ce sont là leurs jours de triomphe, et les Etablissemens fondés par elles restent aux yeux de la terre pour attester leur puissance et perpétuer leurs bienfaits.

En parcourant l'histoire, il seroit facile de trouver à chaque page des preuves de cette vérité, et c'est ainsi que de nos jours on a vu se former l'OEuvre de Saint Vincent de Paul pour les Orphelins du choléra.

L'indomptable épidémie qui du sein de l'Asie étoit venue comme *un vautour affamé*, comme *un torrent pestilentiel*, se précipiter sur l'Europe, sévissoit avec le plus de violence sur la ville et le diocèse de Paris; la mort planoit sur la grande cité, et ses ailes étendues la couvroient d'un deuil universel, les hôpitaux étoient remplis; ceux qu'on organisoit à la hâte devenoient aussitôt insuffisans.

Et cependant, comme aux époques des Borromée, des Vincent de Paul, des Belzunce, Dieu, après avoir permis tant de douleurs, sembloit tenir en réserve un des ministres de sa religion pour porter aux malheureux atteints du fléau la parole divine, des consolations, des espérances, pour partager leurs dangers et pour adopter leurs orphelins.

Cet athlète de la foi, bien éprouvé lui-même, avoit dû disparoître quelques instans, et se dérober aux regards de ceux que, dans un déplorable égarement, on avoit faits ses ennemis; il vivoit dans une pieuse et modeste retraite; il y prioit...... Mais, en de telles circonstances, la prière suffisoit-elle à sa piété énergique, à son impatiente, à son expansive charité? Il devoit des exemples et une direction à cette sainte cohorte de lévites si dignes de marcher sur ses traces, et qui n'attendoit que le signal des prières et du dévouement.

Ce signal fut bientôt donné, dès les premières atteintes du mal, il retentit dans tous les temples du Seigneur (1).

Mais quand le bon pasteur vit le monstre se précipiter, s'acharner chaque jour plus impitoyable sur son troupeau épouvanté; quand il vit que « les prêtres ne pouvoient plus » suffire à l'administration des sacremens, » oh! alors il s'élança de cette retraite ignorée, et quoique la tempête grondât encore, il ne craignit d'affronter ni les flots naguère soulevés contre lui, ni la faulx que la mort promenoit au hasard sur la vertu, sur le crime, sur le riche, sur le pauvre, sur le prêtre, sur le vieillard, sur l'enfant à la mamelle, sur la vierge prosternée aux pieds des autels; il comprit qu'à cette heure de consternation et de désespoir, son poste étoit là où le danger étoit le plus imminent, où les consolations étoient le plus urgentes; ce fut dans ces asiles dévorans où les moribonds arrivoient en masse, dans ces salles encombrées où les soins des administrateurs et les secours de l'art, quoique si bien dirigés, quoique donnés avec tant de dévouement et de

---

(1) Mandement du 30 mars 1832.—Monseigneur l'archevêque ordonne des prières et recommande des précautions pour la santé.

science, étoient, hélas! si souvent inutiles, qu'il porta le soulagement de sa présence, de sa parole, et des aumônes confiées à son zèle.

Et ce fut là, au chevet des mourans, aux cris aigus d'une agonie délirante, en pressant les mains glacées des malheureux cholériques, en recueillant le dernier soupir de leurs bouches infectées, qu'il conçut la première pensée de l'*OEuvre des orphelins;* ce fut là que, jetant un voile sur le passé, comme un ange de paix et de miséricorde, il s'écrioit, avec le Joseph de l'ancienne loi : « Je suis votre frère, ne craignez point, ne vous troublez » pas de ce qui est arrivé; ne craignez point, j'aurai soin » de vous et de vos enfans. *Ego sum frater vester, nolite » timere; ego pascam vos et parvulos vestros* (1). »

Ce fut au milieu des cadavres sur lesquels il venoit d'accepter un legs sacré, qu'il prit avec la mort cet engagement solennel : « Oui, nous aurons soin de vos enfans, nous les » recueillerons, nous les réchaufferons sur notre sein ; » bien plus, nous leur susciterons des mères selon la grâce, » pour remplacer celles qu'ils ont perdues selon la nature. » Dans l'impuissance de subvenir par nous-même à tant » de besoins, nous réclamerons, au nom de celui à qui » appartient toute paternité dans le ciel et sur la terre, » l'assistance de toutes les personnes généreuses qui se » montreront saintement prodigues, saintement jalouses

(1) Mandement du 18 avril 1832, au plus fort de l'épidémie.

V

» de faire voir tout ce que peut encore la foi catholique
» pour la félicité sociale. *Ego pascam vos et parvulos ves-*
» *tros* (1). »

Du haut des cieux Vincent de Paul applaudit à la promesse du pontife, et, le chargeant de continuer, sous son nom, « l'une des œuvres de miséricorde qu'il aima le plus
» à exercer sur la terre, » il lui fit entendre ces paroles : *Orphano tu eris adjutor.*

Telle fut l'origine, telle fut la devise de l'OEuvre fondée pour les orphelins par suite du choléra.

Mais si cette OEuvre doit sa naissance à une inspiration céleste, à ce mouvement spontané, à ce premier élan de charité qui porte tout d'abord à secourir le malheur, elle a été aussi conçue dans un but d'utilité générale. Le regard paternel du prélat avoit plongé dans l'avenir, il y découvroit tous les dangers, toutes les horreurs qui menacent l'enfance abandonnée : des jeunes filles sans appui, sans conseils, sans religion, en proie à la contagion des pernicieux exemples, livrées à tous les genres de séduction; des jeunes gens sans éducation, sans état, sans frein, devenant la honte, l'effroi de la société, peuplant les prisons et les bagnes, alimentant les échafauds.... Voilà les maux qu'il falloit prévenir, auxquels il falloit remédier et remé-

But et organisation de l'OEuvre.

---

(1) Mandement du 18 avril.

dier sur-le-champ; car, en charité, faire le bien vite et à propos, c'est doublement le faire.

Pour recueillir « ces enfans délaissés, les demandes ne « manquoient pas, des instances étoient faites, des sacri- « fices préparés, des asiles ouverts (1). » Ce n'étoit pas alors une œuvre de charité qui imploroit des secours, mais des offres de secours tout prêts, qui demandoient une organisation pour « une OEuvre qui s'annonçoit devoir être aussi « vaste dans son étendue que dans ses conséquences (2). »

Cette organisation ne se fit pas attendre ; un Conseil composé d'ecclésiastiques et de laïques (3) répondit avec empressement à la confiance dont le premier pasteur vouloit bien l'honorer; « il fut chargé de la direction et de la » surveillance de toutes les opérations de l'OEuvre : l'ad- » mission, le placement, l'éducation, l'instruction, l'en- » tretien, tout ce qui peut concerner les intérêts spirituels et » temporels des enfans, furent la matière de ses délibéra- » tions (4). »

Le premier acte du Conseil dut être un réglement; pour marcher d'un pas sûr, arriver à d'heureux résultats, le point le plus important est un bon réglement. Un des principaux articles est celui qui arrête en principe que l'OEuvre est temporaire, et que son but ne peut être la fondation

---

(1) Mandement du 6 mai 1832.
(2) *ibid.* — (3) *ibid.*
(4) Article 6 du réglement.

d'aucun établissement permanent (1). C'est à cette prudence, à cette règle positivement exprimée et maintenue sévèrement qu'on doit les succès obtenus d'abord. M. l'Archevêque avoit énoncé le premier cette idée dans son mandement du 6 mai : « Il n'est point ici question de fonder un ou plusieurs
» de ces établissemens dont les dépenses excessives épou-
» vantent au premier coup d'œil. La charité ne se jette pas
» témérairement dans des entreprises hasardeuses, qui sans
» honorer la religion, attirent la censure et le blâme des
» personnes sages sur celui qui les a conçues et n'a pu les
» conduire à une fin raisonnable. Il n'y a ni édifice à con-
» struire, ni dotation à perpétuer ; il ne s'agit que d'une
» sollicitude temporaire, que d'un intérêt de quelques
» années, que de sacrifices, qui nécessairement bornés à
» réparer les ravages du fléau, diminueront insensible-
» ment et finiront avec les besoins qui les auront faits naî-
» tre... La capitale possède assez de maisons, d'institutions,
» d'associations où nos orphelins pourront être re-
» cueillis (2)..... »

M. l'Archevêque ne s'abusoit pas : les plus précieuses ressources furent spontanément offertes, et rien n'a été plus utile à l'OEuvre que cette facilité de se servir de ce qui existoit, en confiant ses orphelins à des mains sûres; rien n'a plus contribué à faire atteindre le but proposé, c'est-à-

---

(1) Article 9 du réglement.
(2) Mandement du 6 mai 1832, page 6.

dire, le bienfait d'une éducation simple et religieuse. Quelle reconnoissance ne doit-on pas aux personnes, aux communautés, qui dès le début ont généreusement ouvert leurs maisons à tant de jeunes infortunés, « souvent d'une » manière toute gratuite, quelquefois pour des pensions » bien modiques, toujours avec un si noble désintéresse- » ment, » ne demandant d'autre prix de leur sacrifice, que de recevoir les orphelins de la main qui les bénissoit!

L'OEuvre étant spéciale, aucun enfant n'est admis qu'avec un certificat constatant qu'il est orphelin du diocèse, et par suite du choléra (1).

Entre autres précautions prises sous le rapport des garanties de la santé, de l'éducation, de l'état légal des orphelins, se font remarquer celles qui établissent leurs rapports avec leurs parens ou leurs tuteurs.

Aucun enfant n'est reçu que d'après la demande écrite de celui de ses parens qui a survécu, ou de son tuteur (2).

Quand il n'a pas de tuteur le Conseil lui en fait nommer un (3).

Tous les enfans sont présentés par MM. les curés de leurs paroisses (4), sûrs et vigilans intermédiaires entre eux et le Conseil.

Quand un enfant est placé dans une institution ou en apprentissage (5), ce n'est jamais qu'après avoir obtenu le

---

(1) Article 11 du règlement.
(2) Art. 13. — (3) Art. 19. — (4) Art. 14. — (5) Art. 25.

consentement écrit, ou de son père, ou de sa mère, ou de son tuteur (1), qui conserve toujours la faculté de le voir, même de le retirer, s'il le juge convenable (2).

La prospérité de l'OEuvre est incontestablement due à ces sages précautions.

Dès l'origine, une confiance sans bornes est venue aider le Conseil, encourager sa prudence et fortifier son zèle. Le riche a donné avec abandon, avec sécurité, en voyant que ses aumônes iroient droit à leur destination, sans s'égarer dans le labyrinthe des formalités, des inutiles difficultés et des frais d'administration (3); et les malheureux, tristes débris échappés à ce nouveau déluge, ont conduit leurs enfans sans regret, avec reconnoissance, avec bonheur, dans les asiles ouverts à leur innocence, persuadés que les liens de la famille n'étoient pas rompus, et qu'au contraire ces mères, ces tuteurs adoptifs que la providence leur avoit envoyés ne cesseroient d'exciter la piété filiale et les sentimens respectueux que la nature leur commande. C'étoit beaucoup, c'étoit tout d'inspirer cette confiance. Dans ce siècle, il ne suffit pas, comme le veut l'Évangile, de donner un verre d'eau à celui qui a soif, de partager son manteau avec celui qui a froid; le pauvre qui reçoit, le riche qui donne sont parfois méfians et soupçonneux; souvent ils craignent qu'une bonne action ne soit qu'un calcul, et

---

(1) Art. 16 du règlement. — (2) Art. 23.

(3) Toutes les dépenses d'administration, d'impression, etc., sont à la charge personnelle des membres du Conseil.

qu'une arrière-pensée ne soit cachée sous le bienfait le plus naturel. N'importe, quelque injuste que soit cette méfiance, il falloit la détruire, et le réglement a obtenu ce désirable, mais difficile résultat.

<small>Progrès et résultats.</small> Aussi, quels succès inattendus sont venus chaque jour, à chaque appel, réjouir les heureux dispensateurs de tant d'aumônes; que d'espérances se sont changées en réalités !

Placée sous la puissante protection de Saint Vincent de Paul, ce lieutenant de Dieu sur la terre, ce saint vénéré de tous les hommes, ce patron de toutes les misères, dont le nom est si miraculeux en charité; confiée à la tendresse active des saintes filles qu'il a léguées au monde comme exécuteurs de ses volontés, « à la sur- » veillance de ces pasteurs si intéressés, si portés à pré- » server les agneaux de leur bercail des périls sans nombre » qui environnent leur inexpérience (1), » l'OEuvre des orphelins, indispensable dans la circonstance, formée avec tant d'à-propos, ne pouvoit manquer sans doute d'avoir un heureux commencement et d'être accueillie avec enthousiasme, alors que la peur régnoit encore dans les ames, que les dangers, les vœux, les expiations se multiplioient; car la mort, qu'un moment on avoit pu croire assouvie, n'étoit que fatiguée ; elle avoit usé, mais non brisé sa faulx ; quelques jours de trève seulement, et bientôt la

---

(1) Mandement du 6 mai 1832.

moisson d'hommes avoit recommencé; de nouveau chaque mère trembloit pour son enfant, chaque ami pour son ami. Mais ce premier entraînement arrêté, ne devoit-on pas craindre que cette charité si vive, si ardente, si intrépide, si passionnée, ne se refroidît bientôt comme tout ce qui est passion, et qu'elle ne survécût pas aux causes qui l'avoient inspirée? Cette entreprise conçue, adoptée avec un zèle presque téméraire ne subiroit-elle pas le sort de tant d'autres? Pour l'honneur de l'humanité, il n'en a pas été ainsi. La charité est restée de plus en plus fidèle à l'OEuvre des orphelins; sa constance a égalé son ardeur; le temps a déjà passé sur les malheurs de la ville oublieuse et préoccupée, mais la reconnoissance ne s'est pas effacée; souvent mise à l'épreuve, elle ne s'est pas encore démentie. Pour le succès de l'OEuvre de Saint Vincent de Paul, la charité a réuni ce qui sembloit le moins fait pour être rapproché : elle a mis à contribution les trésors de l'Église (1) et les plaisirs du monde, les solitudes du cloître et les réunions de salon (2), la plume de l'historien (3) et du poète (4), les

---

(1) Indulgences accordées par notre S. P. le pape. — Les collectes faites pendant le jubilé.

(2) Plusieurs loteries d'objets précieux ont rapporté des sommes considérables.

(3) L'ouvrage de madame la princesse de Craon, *Thomas Morus*, vendu au profit des orphelins.

(4) *Saint Vincent de Paul*, poëme par madame Gauthier, aussi vendu à leur profit.

divers talens des artistes (1), le langage persuasif des dames trésorières, et l'éloquence des orateurs de la chaire. Toutes les opinions, tous les âges, toutes les classes se sont groupés autour d'elle ; le denier de la veuve s'est mêlé dans la bourse de la quêteuse aux bijoux et aux parures de l'opulence, le pauvre sou du chiffonnier (2) à l'or du banquier, l'épargne de l'écolier à l'économie du vieillard ; pour de pareilles aumônes le prisonnier découragé retrouvoit sa sensibilité et l'exilé un souvenir. Ainsi, commencée par un seul homme sans ressources, tout à coup l'OEuvre des orphelins a pris un développement immense

---

(1) La médaille de M. Gayrard représentant saint Vincent de Paul, entouré d'enfans et des Sœurs, aussi vendue au profit des orphelins.

Feu M. Choron, M. Plantade, de nombreux artistes et amateurs se sont empressés d'offrir au Conseil, dans toutes les occasions, l'appui de leurs talens.

(2) C'étoit l'heure du matin où la vaste enceinte de Notre-Dame est peu fréquentée, un pauvre homme en guenilles, la barbe longue et sale, s'approche de la loueuse de chaises : — Madame, portez-moi ça dans le tronc des orphelins de monseigneur. — Pourquoi n'y pas aller vous-même ? — Oh ! non, je ne suis qu'un chiffonnier, si l'on me trouvoit là, on m'accuseroit de venir voler le tronc ; puis il lui met quinze gros sous dans la main (trente sous ! son gain peut-être de trois nuits), reprend sa vieille hotte, son fidèle crochet, respectueusement déposés à la porte, et disparoît dans les rues tortueuses de la cité.

et digne du saint patron sous l'invocation duquel elle avoit été placée.

Pour mieux faire connoître ces progrès et ces résultats, écoutons l'éloquence positive des dates et des chiffres. Résumé.

Le 30 mars 1832, à la première annonce de l'invasion du choléra, M. l'Archevêque ordonna des prières, et permit des adoucissemens à la loi du carême.

Le 18 avril, au plus fort de l'épidémie, pendant ses visites aux hopitaux, il conçoit la pensée de son OEuvre; cette pensée il la réalise le 6 mai, s'associe un Conseil, le convoque, l'organise sur-le-champ. Le Conseil entre en fonctions, rédige un réglement, et place un grand nombre d'orphelins.

Au mois de novembre, déjà 268 enfans, 107 garçons et 161 filles étoient recueillis.

Depuis, et à chaque nouveau compte annuel (1), leur nombre s'est accru au-delà de toute prévision,

En 1833 il étoit monté au chiffre de 586.

Augmentation en un an, 309.

Depuis il s'est toujours maintenu à 600.

En résumé, jusqu'à ce jour 756 orphelins ont été ou placés dans des maisons d'éducation, ou mis en apprentissage, ou secourus à domicile.

---

(1) Le Conseil considérant la publicité comme la meilleure garantie d'une bonne gestion, publie tous les ans des Etats de situation.

On laisse (ainsi qu'il a été dit dans le compte de 1834 imprimé à la suite de la présente notice), on laisse aux personnes qui s'occupent d'œuvres de charité l'appréciation de ce que 756 orphelins ont coûté, et de ce qu'ils coûteront encore jusqu'au jour où ils seront en état de pourvoir à leur subsistance.

L'OEuvre des orphelins, quoique temporaire, restera donc long-temps, par ses conséquences et par le souvenir de ses services, dans la mémoire des hommes charitables. Ses ressources étant entièrement dues à la charité privée, elle n'aura pas nui par ses demandes aux établissemens publics, elle aura même soulagé l'Administration des hospices d'une multitude d'orphelins qui seroient infailliblement tombés à sa charge; et si l'on n'élève aucun monument en commémoration du fléau de 1832, ce nombre immense d'enfans, arrachés à la honte et au crime, rendus à la société, pourvus de professions lucratives, imbus de bons principes, préservés de mauvais conseils et de mauvais exemples, restera comme un témoignage vivant de ce que peut encore dans ce siècle la charité guidée par la religion.

Voilà la cause des heureux résultats que le Conseil se plaît à constater, et des progrès qui, tout le fait espérer, ne sont pas arrivés à leur terme : chacun, nous le répétons, a voulu s'associer à cette OEuvre par piété, par bienfaisance, par confiance, dans quelque idée d'expiation, pour l'accomplissement d'un vœu, et surtout par reconnoissance; chacun, selon ses facultés, a voulu y prendre part, de telle sorte que l'OEuvre de Saint Vincent de Paul pour les orphelins du choléra, c'est tout le diocèse.

La constante persévérance de la charité n'a pas « trompé » les espérances qu'elle avoit données; » elle n'est pas restée en arrière devant l'infatigable sollicitude du pasteur, qui lui-même avoit si bien tenu cette promesse : » que ses forces s'épuiseroient plus tôt que son amour » pour ses chers enfans (1), » et qui laissoit pour la troisième fois, il y a quelques jours encore, échapper de son ame des paroles si douces, recueillies avec tant d'attendrissement par son nombreux auditoire.

Mais cette année les absens auront peu de chose à envier aux assistans; ce Discours étant spécialement consacré aux orphelins du choléra, le Conseil a dû le réclamer en leur nom et comme leur propriété. En vain la modeste répugnance de l'orateur résistoit-elle au vœu général et à de vives instances, il a dû céder à cet argument sans réplique, que c'étoit un bienfait de plus qu'on lui demandoit pour ses pauvres enfans.

En publiant ce Discours, le but des membres du Conseil est donc de bien faire connoître l'OEuvre qu'ils ont été appelés à diriger et à surveiller; de la citer comme modèle, si de pareils malheurs menaçoient la capitale ou les provinces, et surtout d'obtenir de nouvelles ressources

---

(1) Mandement du 26 novembre 1832.

pour continuer les services déjà rendus, pour les augmenter, et faire participer un plus grand nombre d'orphelins, tous les orphelins du choléra, s'il étoit possible, aux bienfaits dont 756 ont déjà profité.

ÉTAT DE SITUATION

DE L'OEUVRE DES ORPHELINS

DE SAINT-VINCENT-DE-PAUL,

PAR SUITE DU CHOLÉRA-MORBUS.

DISTRIBUÉ LE 29 DÉCEMBRE 1834 A L'ASSEMBLÉE DE CHARITÉ DE NOTRE-DAME.

En 1834, comme dans les précédentes années, l'OEuvre des orphelins du choléra, a prospéré au-delà de toute prévision; cette OEuvre est devenue digne du saint Patron, sous la protection duquel l'a placée le Premier Pasteur de ce diocèse. L'Etat de situation, présenté par les membres du Conseil, donnera la preuve de cette prospérité; mais ils n'ont pu, sans excéder les bornes de la prudence, satisfaire à tous les besoins; et, si les aumônes déjà reçues ont permis d'admettre un grand nombre d'enfans, bien des demandes encore n'ont pu être accueillies, plus d'un orphelin reste exposé à la misère et aux piéges incessamment tendus à son innocence. Ces dangers ne sont que trop connus des personnes pieuses et charitables; aussi c'est avec confiance qu'un nouvel appel leur est adressé. Ce sont elles qui composent réellement l'OEuvre de saint Vincent de Paul pour les Orphelins du choléra. Il n'est pas une d'elles qui ne puisse s'attribuer une part du bien qui s'est fait; c'est à leur généreux concours que, depuis deux ans, 756 enfans ont dû leur bien-être physique, leur éducation et leur instruction religieuse. Il faut persévérer; et, comme c'est au moyen des quêtes et des dons volontaires seuls que l'OEuvre doit les succès obtenus, c'est à la même source que M. l'Archevêque et les membres du Conseil s'adressent pour continuer et accomplir ce que la piété et la charité ont si généreusement commencé.

État de situation des *Orphelins* placés ou assistés à domicile depuis la fondation de l'OEuvre.

	En décembre 1832.		En décembre 1833.		En décembre 1834.	
	garçons.	filles.	garçons.	filles.	garçons.	filles.
Orphelins placés dans les maisons d'éducation.	9	154	16	249	15	261
——— en apprentissage. .	9	2	24	23	28	20
——— assistés à domicile. . .	98	5	209	65	201	70
Nombre de chaque sexe.	116	161	249	337	244	351
Totaux généraux.	277		586		595	

Si aux 595 enfans, aujourd'hui réellement placés ou assistés, on ajoute ceux qui, après avoir été admis, ont cessé, par diverses causes, d'être à la charge de l'OEuvre, savoir :

Parmi les garçons, (dont 7 après avoir terminé leur apprentissage.) 60

Et parmi les filles. . . . . 101 } 161

Il en résulte que, depuis la fondation de l'OEuvre, ses bienfaits se sont étendus à 756 orphelins. 756

Dans cet état progressif des secours fournis par l'OEuvre, on doit remarquer que les admissions qui, en 1832, ne s'élevoient pas à 300, ont été plus que doublées dès les premiers mois de l'année suivante, et que le nombre des orphelins placés ou assistés s'est *constamment* maintenu depuis cette époque, c'est-à-dire depuis près de deux ans, au chiffre de 600 environ. Toutes les personnes qui s'occupent d'œuvres de charité pourront facilement apprécier la dépense à laquelle s'élève la charge d'un aussi grand

XIX

nombre d'enfans. Elles seront en état, d'après ce calcul, de juger du bon emploi que reçoivent les aumônes déjà recueillies, et de la réalité des besoins pour lesquels le Conseil de l'OEuvre sollicite de nouvelles Offrandes ou Souscriptions.

Les offrandes ou souscriptions peuvent avoir lieu soit en argent, soit en effets en nature, tels que linge, étoffes pour vêtemens, lits, meubles, etc.

LE TOUT *peut être adressé directement à Mgr l'Archevêque ou à MM. les Curés.*

LES DONS EN ARGENT *peuvent aussi être remis à M. Bréton*, trésorier de l'OEuvre, rue du Faubourg-Poissonnière, n° 6;

ET CEUX EN NATURE, à MM. *les Prêtres de Saint-Vincent-de-Paul, dits Lazaristes, rue de Sèvres, n°* 95;

A *la Maison-supérieure des Filles de Charité de Saint-Vincent-de-Paul, rue du Bac, n°* 132;

Et à *toutes les Maisons des Sœurs de Charité des différentes paroisses de Paris.*

Paris, ce 8 décembre 1834.

Les membres du Conseil de l'OEuvre,

† HYACINTHE, *Archevêque de Paris,* président;

JALABERT,
BOUDOT,   *Vicaires-Généraux Archidiacres*, vice-présidens.
SALANDRE,

BRÉTON; Sylvain CAUBERT; Comte CHABROL de VOLVIC; duc de DOUDEAUVILLE; ETIENNE, procureur général de MM. les Lazaristes; HOUSSARD, économe du séminaire Saint-Sulpice; DE LA CALPRADE, chanoine, Vicaire général; NICOLLE, chanoine honoraire, Vicaire général; PARDESSUS; QUENTIN, chanoine, Vicaire général; abbé RAUZAN; comte de TASCHER.

SURAT, Chanoine honoraire   Secrétaires.
LAURAS,

Pour copie conforme,

LAURAS, *Secrétaire.*

A l'Assemblée du 29 Décembre 1834, la Quête a été faite par Mesdames

La Princesse de BAUFFREMONT, rue de l'Université, n° 80,   *Trésorières.*
La Marquise de CLERMONT-TONNERRE, rue de Madame, n° 21,
BRÉTON, rue du Faubourg-Poissonnière, n° 6;
La Comtesse de CLERMONT-TONNERRE, rue Saint-Dominique, n° 65;
La Princesse de CRAON, rue Saint-Lazare, n° 86;
La Marquise de NADAILLAC, rue du Faubourg-Saint-Honoré, n° 112;
La Comtesse AMÉDÉE DE PASTORET, place Louis XVI, n° 6;
La Vicomtesse de QUELEN, place Vendôme, n° 16.
La Vicomtesse de VAUFRELAND, rue Bleue, n° 7.

DISCOURS

DE

M. L'ARCHEVÊQUE DE PARIS.

Tibi derelictus est pauper : orphano tu eris adjutor.

Seigneur, vous vous êtes réservé le soin du pauvre : vous serez le protecteur de l'orphelin. (Psaume 9.)

Lorsque je me rendois dans ce temple où votre empressement vous avoit réunis pour entendre la sainte parole, j'ai passé sur la place publique et là je me suis vu entouré d'une multitude de femmes, d'enfans, de vieillards, de malheureux de toute espèce; les uns me demandoient du pain, les autres des vêtemens, ceux-ci un asile où ils pussent finir tranquillement leurs jours, ceux-là le remède à leurs maux, tous, quelque soulagement à leurs misères. Pour exciter plus sûrement ma pitié, ils me montroient leurs membres décharnés et à demi-nus, leurs plaies livides à moitié couvertes, un sein desséché et pouvant à peine allaiter un nouveauné. Je leur ai dit, mes frères, que j'allois vous présenter leur requête, et je les ai laissés pleins d'espérance (1).

C'étoit ainsi que saint Jean-Chrysostôme commençoit une de ces homélies célèbres dont retentirent autrefois les chaires d'Antioche et de Constantinople. Ainsi préludoit-il à l'une de ces éloquentes exhortations dont le triomphe se manifestoit toujours par des transports, des larmes et des largesses.

Et nous aussi, nos très-chers frères, chargé d'un nombreux troupeau, pasteur d'une grande église, archevêque d'une grande cité où se trouvent rapprochées tant de douleurs et tant de délices, tant d'infortunes et tant de richesses, nous venons plaider devant vous la cause

---

(1) S. Chrys. hom. ad Pop. Antioch., t. 3, p. 148.

de pauvres orphelins dont nous connoissons depuis long-temps la détresse ; car nous l'avons vue dans toute sa rigueur, il nous a été donné d'en sonder l'abîme : chaque jour il nous faut non-seulement la contempler de nos yeux, mais encore en prévoir, en calculer par la méditation les suites effrayantes. S'il nous manque la force, hélas ! et la vertu du saint prédicateur de l'Orient, nous espérons du moins rencontrer ici un auditoire aussi sensible, aussi chrétien, aussi favorablement disposé que celui devant lequel il parloit ; et, nous osons nous le promettre, les motifs que nous allons vous exposer pour réclamer de nouveaux secours suffiront pour vous engager à répandre sur nos chers cliens d'abondantes aumônes.

S'il en est ainsi, mes frères, vous vous associerez à l'une des plus touchantes actions de la divinité. Nous pourrons vous appliquer ces paroles du cantique où le roi-prophète célébroit la bonté de Dieu sur celles de ses créatures qui paroissent les plus malheureuses. Oui, mes frères, parmi les noms que le Seigneur a voulu prendre, dont il aime à se faire appeler dans les saintes Écritures, il en est un à l'honneur duquel il nous permet de prétendre, dont il nous ordonne même de partager la gloire avec lui. Ce nom qui trouble et fait sécher de frayeur, dit le Psalmiste, les ames indifférentes ou barbares, mais qui console et qui divinise par la douceur et par la majesté de son office les cœurs tendres et miséricordieux, c'est celui de père des pauvres et des orphelins. *Tibi derelictus est pauper : orphano tu eris adjutor* (1).

Qui mérita mieux de le porter, ce titre auguste et vénérable, que l'humble, que le saint prêtre qui fut dans notre France l'image vivante du Dieu de la charité; que Vincent de Paul dont vous avez honoré les restes mortels avec une générosité pleine de magnificence, sous l'invocation duquel l'OEuvre des orphelins, par suite du *choléra-morbus*, a pris naissance et reçoit son accroissement? De quel autre peut-on dire avec plus de justice que le soin du pauvre lui a été réservé et qu'il est le protecteur de l'orphelin?

(1) Ps. 9.

Tibi derelictus est pauper : orphano tu eris adjutor (1).

Quelle est la condition de ceux que la Providence nous charge de recommander à votre charité? Quels sont les desseins de la Providence en nous chargeant de les recommander à votre charité? Deux questions, mes frères, que nous nous proposons de discuter devant vous, et dont la solution est du plus grand intérêt pour ces enfans et pour vous-mêmes.

Adressons-nous à la consolatrice des affligés, la reine des pauvres et la mère des orphelins.

Ave, Maria.

Quels sont ceux que la Providence nous charge de recommander à votre charité?

Vous l'avez déjà compris : ce sont d'abord des pauvres, *Tibi derelictus est pauper* (2). Des pau-

---

(1) Ps. 9. — (2) *Ibid.*

vres, c'est-à-dire des malheureux condamnés aux privations et à la souffrance, qui ne connoissent ni l'aisance de la vie, ni les douceurs de la famille, ni les agrémens de la société; pour qui les larmes ne tarissent point, les besoins ne sont jamais satisfaits, aucun jour n'est sans amertume: des pauvres, c'est-à-dire des êtres dont le corps est sans cesse dans la douleur, l'esprit dans l'inquiétude et le cœur dans la tribulation; qui forment comme une classe tristement privilégiée, dont la présence est importune, sur lesquels on n'ose arrêter les regards, dont on redoute les approches, que l'on fuit avec vitesse et dont l'existence paroîtroit à peine un bienfait, si le Seigneur qui les a créés ne nous avoit avertis qu'il met sa gloire à les recueillir, lors même que l'univers entier les abandonneroit : *Tibi derelictus est pauper* (1).

Mais peut-être, mes frères, comprendrez-vous mieux la condition du pauvre et tout l'intérêt qu'elle doit vous inspirer, si, descendant à des détails journaliers, vous la comparez avec la vôtre.

(1) Ps. 9.

Lorsque, sortant le matin du lit de votre repos, vous parcourez par la pensée la journée qui commence, rassurés que vous êtes par une fortune qui vous met à l'abri du besoin, aucun souci ne vient rompre cet enchaînement d'occupations, cet arrangement d'affaires ou cette série d'amusemens et de plaisirs auxquels vous allez vous livrer, sans y avoir fait entrer une seule fois peut-être un soupir, un élan de votre cœur vers celui qui vous a dispensé tant de biens. Le pain de chaque jour vous sera donné avec abondance, sans que vous vous en mettiez en peine; il sera posé devant vous à l'heure marquée par des serviteurs attentifs à prévoir tous vos désirs, à contenter tous vos goûts, à flatter vos délicatesses, à étudier jusqu'à vos fantaisies. Mais le pauvre! en supposant que de sombres images, des pensées sinistres, de cruelles terreurs n'aient pas troublé son sommeil, elles ont environné son grabat, elles l'attendent à son réveil, elles l'assiégent avant l'aurore. Sa journée, il la commence dans l'ennui, il la poursuit dans les sollicitudes, et souvent, vous le savez, il l'achève dans le découragement ou le désespoir. Qui pourvoira à sa nourriture? quels moyens emploiera-t-il pour se la procurer? à quelle porte frappera-t-il aujourd'hui? à qui s'adressera-t-il? trouvera-t-il des ames sensibles et compatissantes pour lui tendre une main secourable? Dieu le sait : celui qui donne la pâture aux petits des oiseaux ne laissera pas son enfant au besoin. Dès le point du jour il exauce ceux qui espèrent en sa bonté, et sa Providence a préparé sans doute les ressources nécessaires à la subsistance de celui qui paroît le plus abandonné. Toutefois, mes frères, si vous étiez réduits à cet état, si cette situation faisoit comme le fond de votre existence, quelles ne seroient pas vos alarmes, vos agitations, vos angoisses? quels efforts, quelle habitude de vertu ne vous faudroit-il pas? Oseriez-vous assurer que vous en seriez capables? Si vous n'avez pas été mis à une aussi rude épreuve, que le souvenir du pauvre entrant si péniblement dans la carrière quotidienne qui s'ouvre devant vous si riante et si tranquille, pénètre du moins quelquefois avec les premiers rayons du soleil dans le lieu où vous entretenez, après un sommeil trop prolongé, mille pensées frivoles et souvent dangereuses. Ce spectacle du pauvre se levant triste et inquiet déconcerte la mollesse, attendrit l'ame, excite la pitié, inspire les généreux sentimens et les résolutions miséricordieuses. Malheur à vous, mes frères, si vous deveniez semblables à ces riches de Sion et de Samarie, dont parloit le prophète Amos, qui vivant dans les délices et dans l'abondance de toutes choses, dormant sur des lits d'ivoire, ne daignoient pas même penser aux maux de leurs frères, comme les enfans de Jacob qui demeuroient insensibles à l'affliction de Joseph : *Væ qui opulenti estis in Sion, qui dormitis in lectis eburneis et lascivitis in stratis vestris.... et nihil patiebantur super contritione Joseph* (1)!

Vous les avez quittés ces lits dressés par la mollesse et la magnificence, qui ne sont après tout que la figure du tombeau où vous serez couchés un jour pour n'en sortir qu'au dernier jugement. Vous vous êtes débarassés de ce drap dont la finesse et la blancheur sont destinées

---

(1) Amos 6.

peut-être à ensevelir les traces hideuses que la maladie et la mort auront imprimées sur une chair qu'on idolâtre, et qui va bientôt être réduite en ce je ne sais quoi qui n'a de nom dans aucune langue, dit Bossuet. Vous allez prendre les habits qui conviennent à votre condition, et qui ne sont pour le chrétien que le signe de l'innocence perdue et que l'enveloppe de l'Adam terrestre et pécheur. L'orgueil, la vanité, la recherche de soi-même, l'amour du luxe, la sensualité et des désirs plus criminels encore présideront-ils à votre ajustement; ou bien la modération, la modestie, l'humilité chrétienne, la nécessité de la pénitence? C'est à vous que j'en appelle. Il n'entre point dans mon sujet d'interroger ici vos consciences sur des obligations dont vous aurez à rendre un compte sévère au tribunal du souverain juge. Quelque attention que vous ayez cependant d'observer à cet égard les règles de la bienséance et les devoirs de votre état, toujours est-il vrai que, même en vous tenant dans les plus justes bornes, rien ne vous manquera de ce qui est agréable, utile ou nécessaire. Grâce à tant de facilités, à tant d'adoucissemens que vos moyens vous permettent à toute heure, les saisons perdront pour vous de leur intempérie, les temps n'auront point d'inclémence, les rigueurs de l'hiver seront adoucies, les ardeurs de l'été deviendront plus supportables; des vêtemens nouveaux et variés défendront votre corps contre les surprises de l'orage et le caprice des élémens; des toits protecteurs, une habitation commode et recherchée vous offriront un asile et des préservatifs contre tous les accidens de la santé. MAIS LE PAUVRE! Le voyez-vous, mes frères, après une nuit que les chagrins ont rendue si longue, soulevant ses membres encore fatigués de dessus la paille humide qui lui sert de couche, revêtant à la hâte l'unique habit qu'il possède, ou plutôt jetant sur ses épaules quelques lambeaux mal assemblés avec lesquels il affrontera la température la plus froide ou la plus dévorante? D'un pas chancelant, il s'éloigne de son galetas ou de sa cabane. Le voilà qui s'avance dans nos rues, qui s'achemine sur nos places, essuyant toutes les injures de l'air; plus encore, bravant l'insouciance, les dédains, les rebuts, les mépris, pour essayer d'apitoyer sur son sort, pour chercher à attendrir sur ses malheurs et recevoir à la fin quelques oboles qui lui fourniront à peine, après bien des sollicitations et des tentatives, de quoi échanger les livrées de sa misère.

Que seroit-ce donc, si l'infirmité, compagne ordinaire de l'indigence, si la pudeur, que les haillons ne font pas toujours abjurer, si la honte à laquelle une position autrefois aisée ne sauroit se résoudre, si les périls de tout genre que le caractère, l'âge ou la jeunesse ne permettent pas d'affronter, ne laissoient pas même au malheur cette humiliante ressource? Combien la condition du pauvre vous paroîtroit-elle encore aggravée? Ah! tandis que l'on consume des heures entières aux soins d'un habillement dont il ne faut pas se glorifier même au jour de l'honneur, dit l'Esprit saint, tandis que l'on multiplie sans besoin, et contre toute raison, les ornemens de la parure, et que l'on croit en trouver une excuse légitime dans l'inconstante tyrannie d'une coutume que j'évite d'appeler de son nom à cause du sérieux de la chaire ; s'il venoit du moins de temps en temps à l'esprit qu'il est quelque Joseph dépouillé qui languit dans un dénûment complet et continuel, dont on pourroit réchauffer les membres glacés par le moindre retranchement ou par un léger sacrifice, s'exposeroit-on à l'anathême lancé par le prophète contre ceux qui paroissoient avec faste dans les assemblées d'Israël, qui se parfumoient d'huiles de senteur les plus précieuses, et qui demeuroient insensibles aux maux de leurs frères? *Væ qui opulenti estis in Sion… ingredientes pompaticè domum Israel.. optimo unguento delibuti, et nihil patiebantur super contritione Joseph* (1)!

Ils sont arrivés les instans où ce qui est en nous animal et charnel réclame impérieusement la nourriture et nous appelle tous régulièrement à remplir cette volonté du Créateur. Je ne vous demande pas, mes frères, si vous savez sanctifier ces actes que les saints redoutoient comme un tourment, dont ils s'humilioient, contre lesquels ils se mettoient en garde et ne croyoient pouvoir trop prendre de précautions. Je ne vous demande pas non plus si vous êtes encore fidèles, suivant

(1) Amos 6.

l'ancien usage de vos pères, à implorer en famille, avant le repas, la bénédiction de celui par qui tout vit et respire; si l'action de grâces se trouve sur vos lèvres; si l'indifférence ne vous fait pas oublier le suprême dispensateur de toutes choses, ou si le respect humain ne vous fait pas rougir de reconnoître ses bienfaits. Je veux croire même que l'excès, l'intempérance, l'immortification, sont constamment bannis de ces réunions, où il est cependant si rare de se prescrire une sage mesure. A Dieu ne plaise que vous soyez du nombre de ces hommes grossièrement terrestres, dont l'apôtre saint Paul a tracé l'image d'une manière si énergique qu'on n'ose la reproduire dans notre langage : *Quorum Deus venter est* (1). Loin de moi de vouloir vous comparer à ce mauvais riche, à qui l'Evangile ne reproche autre chose que d'avoir vécu splendidement, que d'avoir fait bonne chère tous les jours, et qui pour cela fut après sa mort enseveli dans l'enfer. Cependant, mes frères, chaque jour aussi, et plusieurs fois le jour, vos appétits

(1) Philip. 3.

sont rassassiés; à peine s'il vous reste quelques désirs à satisfaire. Une nourriture suffisante, souvent délicate, répare vos forces et les entretient; vous jouissez de la vie. Mais le pauvre ! Où est sa table? quels sont ses alimens? Ah! s'il n'avoit à observer que les lois de la frugalité, nous le trouverions encore à plaindre. Pour nourriture un pain de larmes, l'eau des pleurs pour breuvage; trop heureux Lazare, s'il lui est quelquefois donné de ramasser les miettes de la profusion qui apaiseroient sa faim, calmeroient son ame et lui feroient goûter un instant de bonheur! Appelez-le donc quelquefois à vos banquets, mes frères, ce pauvre si délaissé. Ne craignez pas que sa présence ou que son souvenir vienne troubler vos fêtes et vos festins; s'il y trouve une part, vos repas se changeront en de saintes agapes dont la charité fraternelle fera les charmes, et vous n'aurez pas à redouter cette malédiction terrible qui, d'une bouche vulgaire mais l'organe des divins oracles, passoit autrefois dans les maisons de plaisirs, pénétroit jusque dans les palais de Sion et de Samarie : Malheur à vous qui vivez dans l'abondance et les délices, qui mangez les agneaux les plus excellens et les viandes exquises choisies parmi le troupeau, qui buvez le vin à pleines coupes, sans avoir nul souci de celui qui souffre la faim et la soif. *Væ qui opulenti estis in Sion.... qui comeditis agnum de grege et vitulos de medio armenti.... bibentes vinum in phialis.... et nihil patiebantur super contritione Joseph* (1)!

Nous n'avons parlé jusqu'ici que du pauvre isolé, sans égard aux liens ou plutôt aux douleurs qui l'attachent à la vie. Il faut abréger les détails. Qu'est-ce que le pauvre dans la famille? qu'est-ce que le pauvre dans la société? qu'est-ce que le pauvre dans la patrie?

C'est à vous d'abord à nous répondre, mères trois fois heureuses, environnées d'enfans que vous aimez à contempler avec orgueil, à montrer avec complaisance, à soigner avec une tendresse qui va quelquefois jusqu'à l'idolâtrie. En retour de vos sollicitudes, vous les voyez croître comme un plant de jeunes oliviers; on les admire, on vous le dit; vous en recevez les ca-

---

(1) Amos 6.

resses les plus naïves, les plus aimables embrassemens. Mais le pauvre! Assailli sous sa masure étroite par une troupe d'innocentes créatures dont les cris percent son ame, dont la nudité afflige sa vue, dont la faim déchire son cœur, dont le sort cause son désespoir, dont les empressemens les plus doux ne sauroient sécher les larmes; il ne les repousse pas, il s'y dérobe, il s'arrache de leurs bras avec précipitation parce qu'il compte les heures de travail nécessaires à leur existence, ou parce qu'il craint, en prolongeant ses satisfactions paternelles, de manquer la rencontre d'un bienfaiteur ou d'une bienfaitrice qui allégeront le fardeau qui l'accable, qui adopteront son nouveau-né, ou qui lui donneront le pain du jour que réclamoient vainement de lui les nombreux héritiers de son indigence. Il rougit de les produire, ces enfans pour lesquels personne n'auroit un sourire, une larme, une marque d'intérêt; il les cache à tous les yeux. Il ne pourra les soustraire aux regards perçans de la charité. Il se rencontrera quelques-unes de ces femmes fortes dont parle l'Écriture, de ces mères héroïquement chrétiennes, saintement intelligentes, qui, placées dans un rang élevé, nourries dans la délicatesse et l'opulence, ne dédaignent pas d'étendre leurs bras vers le pauvre, de lui consacrer le travail de leurs mains ; pour cela, de prévenir l'aurore et les occupations du siècle, d'instruire leurs filles à ces œuvres de la miséricorde, de les conduire avec elles dans les réduits obscurs, sans craindre de les émouvoir par le contraste d'un spectacle si différent de ceux auxquels elles seront condamnées à assister dans les cercles éblouissans du monde. Celles-là du moins ne seront point enveloppées dans la condamnation portée contre les superbes de Sion et de Samarie : *Væ qui opulenti estis in Sion...... et nihil patiebantur super contritione Joseph* (1)!

Qu'est-ce que le pauvre dans la société? Il vous appartient mieux qu'à tout autre de le comprendre et de nous le dire, jeunesse, objet de tant de recherches, de prévenances, d'adulations. Fêtes, divertissemens, plaisirs, réunions brillantes, tout est pour vous, ce semble; vous

(1) Amos 6.

y courez avec ardeur, vous y consumez les jours et les nuits, rien ne vous coûte quand il s'agit de vous les procurer. Encore si vous n'y cherchiez qu'un simple délassement à des travaux utiles, qu'un repos salutaire aux fatigues de l'esprit ou du corps, qu'une récréation innocente à de laborieuses études. Mais le pauvre! De quoi jouit-il? Quelles sont ses fêtes? où sont ses plaisirs? Pensez-vous du moins quelquefois à lui dans les préparatifs, dans l'éclat, dans la longueur de ces courses impétueuses, de ces soirées bruyantes où la dissipation laisse si peu de place à la miséricorde, où l'enivrement n'excite la sensibilité que pour des malheurs de théâtre et de romanesques aventures? Songez que le pauvre vous voit passer, qu'il entend vos chants, vos concerts, le son de vos instrumens de musique. Un jour, un seul jour de recueillement et de prières, un quart-d'heure de retraite, de réflexions sérieuses suffiroient pour le combler de joie pendant toute une année. Une partie, un bal de moins!.... Je vous comprends: c'est trop exiger, vous ne pouvez le prendre sur vous, vous ne sauriez vous y assujétir. Hé bien! ne cessez de rire et de vous amuser. Le pauvre pleurera, soupirera sans cesse ; mais sans cesse aussi consentez à entendre résonner sur vos têtes, comme autrefois sur celles des riches de Sion et de Samarie, une voix effrayante et rustique qui dominera votre symphonie et troublera vos accords. Malheur à vous, jeunes opulens, qui vivez dans les délices, qui mariez vos voix avec la lyre et qui dans vos accompagnemens mélodieux oubliez l'affliction de vos frères : *Væ qui opulenti estis in Sion...... qui canitis ad vocem psalterii..... Et nihil patiebantur super contritione Joseph* (1) !

Dirons-nous ce que sont les pauvres dans la patrie ? c'est un peuple à part jeté au milieu d'un peuple, qui n'a d'espérance que celle qu'on veut bien lui faire, d'autre ambition que de vivre, quand il ne forme pas le vœu coupable de mourir. Les postes éclatans, les charges honorables, les emplois distingués, les places lucratives, il n'y prétend pas : les carrières même les plus communes lui sont à peine ouvertes. Se trouve-t-il beaucoup de protecteurs généreux

---

(1) Amos 6.

et désintéressés qui aillent de loin en loin les chercher dans leurs ténèbres, les séparer de la foule, les tirer de la poussière pour les faire asseoir parmi les chefs de l'administration, de l'armée, de la magistrature, des sciences, des lettres, des arts, du commerce ou de l'industrie? Mais vous, mes frères, que l'application, les talens, le mérite ou des suffrages équitables auront fait parvenir aux degrés supérieurs de la hiérarchie sociale, souvenez-vous que, si vous n'avez pas à redouter dans les pauvres des concurrens et des rivaux, vous devez employer l'autorité, le crédit, la faveur, l'influence de vos conseils et de votre fortune à soulager autant qu'il est en vous les malheurs de vos frères, sous peine de subir de la part de celui qui jugera les puissans une sentence rigoureuse, sous peine de partager la malédiction lancée sur les grands d'Israël et de Juda, sur les princes de Sion et de Samarie : *Væ qui opulenti estis in Sion..... optimates, capita populorum..... et nihil patiebantur super contritione Joseph* (1) !

---

(1) Amos 6.

Cette peinture que nous vous faisons du pauvre vous étonne, mes frères ; elle vous effraie, elle vous contriste. Vous voudriez reposer peut-être votre esprit sur des images plus douces et plus consolantes. Il n'est pas temps encore. Nous avons à vous révéler des malheurs plus sévères et plus désolans que celui de la pauvreté elle-même avec son hideux cortége ; des malheurs plus dignes par conséquent de votre intérêt, plus capables de réveiller dans vos ames les nobles élans, les sublimes déterminations de la charité.

En effet, mes frères, nous ne vous avons entretenus en quelque sorte que des nécessités matérielles du pauvre, que de ses besoins physiques, pour ainsi parler ; que de ce malaise corporel dont l'aiguillon émoussé, ce semble, sur lui par l'habitude aura bientôt perdu sa pointe et son énergie. O mort, que ta sentence est douce à l'homme pauvre à qui les forces manquent, qui tombé dans la défaillance, accablé de soucis, sans aucun soulagement, n'est plus en état de goûter les charmes de la vie ! *O mors, bonum est judicium tuum homini indigenti et qui mino-*

ratur viribus! (1). Il a passé, ce pauvre, mes frères, il a passé sur la terre, il vient d'achever sa course, traînant après lui la chaîne pesante de ses années qu'il n'a comptées que par ses infortunes. Mais n'est-il resté de son pélerinage aucun souvenir dans la mémoire des hommes? Plaise à Dieu que les traces n'en soient pas marquées en caractères sinistres; que le pays qui l'a vu naître, vivre, mourir dans le dénûment et l'abandon, puisse l'oublier sans retour; qu'il n'aie pas long-temps à gémir sur les effroyables conséquences d'une détresse poussée jusqu'à l'excès! Le moyen d'espérer une vertu continuelle, une probité à toute épreuve, une résistance aux tentations les plus délicates, d'une ame que l'éducation n'a point formée, que la religion surtout n'a point retrempée, que l'ignorance a resserrée de plus en plus dans le cercle étroit de l'égoïsme, et qui se trouve perpétuellement placée entre la misère et la séduction? Et puis, cette ame créée à l'image d'un Dieu, rachetée par le sang d'un Dieu, destinée à posséder le royaume de Dieu, que devient-elle, lors qu'après une suite non interrompue de scandales, de murmures, de blasphèmes, de prévarications et de crimes, dont la pauvreté méconnue et dédaignée fut la cause funeste, elle entre enfin dans la maison de son éternité?

On le reconnoît, vous ne l'ignorez pas, mes frères, ce ne sont pas les misères corporelles des pauvres qui pressent le plus; c'est le salut de leurs ames, auquel ils ne pensent pas pour la plupart, qu'ils risquent à toute heure, qu'ils sacrifient au plus sordide intérêt, qu'ils abandonnent dans leur découragement. Vous vous plaignez vous-mêmes de leur peu de conduite, vous êtes indignés de leurs discours audacieux et impies, vous dites qu'ils n'ont ni sentimens d'honneur, ni principes de religion. Ajoutez que la société entière est continuellement flétrie et menacée par un grand nombre d'entre eux, qui luttent avec la violence contre les horreurs du besoin. Les archives publiques nous apprennent des forfaits inouis; nos registres de mort attestent sur des pages ensanglantées la multitude des trépas volontaires; les prisons regorgent de ces criminels; l'enfer reçoit chaque jour quelques-unes de ces malheureuses victimes. Grand Dieu! et à qui faut-il s'en prendre? à qui faut-il imputer ces exécrables imprécations? à qui faut-il attribuer ces excès de tous les genres qui font également la honte de l'humanité, le deuil de la patrie et la douleur de la religion? Malheur aux heureux du siècle dont l'insensibilité ne les a pas prévenus; qui, pour ne pas troubler leurs plaisirs, pour ne rien diminuer de leurs jouissances, ont détourné les yeux, ont fermé les oreilles, ont écarté leur pensée de ce qui pouvoit leur rappeler l'affliction de leurs frères et empoisonner ainsi leurs coupables délices : *Væ qui opulenti estis in Sion... et nihil patiebantur super contritione Joseph* (1)!

A Dieu ne plaise que nous voulions excuser, encore moins autoriser de semblables désordres! Mais de bonne foi, mes frères, à prendre les pauvres tels qu'ils doivent être lorsqu'ils n'ont ni règles ni croyance, que voulez-vous attendre d'un misérable rongé de chagrins

---

(1) Amos 6.

et d'ennui, à qui l'avenir n'offre que des peines accablantes? Toutes les ressources lui manquent à la fois, tandis qu'à la fois il est pressé par tous les besoins : une famille nombreuse, une femme malade, des enfans en bas àge, ses dernières épargnes consumées. Vainement il a étalé sa situation déplorable devant ces hommes sans affection dont parle l'apôtre; on l'a impitoyablement renvoyé avec la certitude qu'il n'y a rien à espérer, avec la défense de venir raconter ses malheurs, et de faire entendre ses cris. Il tentera donc de se créer des ressources; et par quels moyens? Il méditera la fraude dans son cœur, il préparera ses mains à l'injustice, il vouera ses enfans à l'iniquité, il compromettra leur honneur, il vendra leur innocence, il aiguisera le fer, il brisera les portes qu'on lui a refusées; ou si retenu par une vigilance active, arrêté par la justice humaine, il ne peut exécuter ses criminels desseins, il bravera la justice éternelle, il tournera contre son cœur le poignard qu'il destinoit à d'autres usages, ou bien il ira chercher au milieu des ondes un remède contre une implacable dureté.

Accourez, anges de la miséricorde, *Ite, angeli veloces ad gentem convulsam* (1), apparoissez à ce malheureux dans son désespoir, placez-vous sur son passage, arrêtez son bras, désarmez sa main, ramenez-le au sein d'une famille en pleurs, calmez ses sens agités, réparez ses forces ; rappelez à la vie cette mère languissante, couvrez la nudité de cette jeune personne, hélas ! déjà peut-être trop accoutumée à la voir sans rougir ; recueillez, adoptez, instruisez ces petits enfans qui désoleroient à leur tour la société, maudiroient leur existence et le Dieu qui les a faits ; obtenez par votre douceur ce que n'ont pu, par leur sévérité, toutes les lois divines et humaines ; épargnez des scènes d'horreur à la terre, au ciel des vengeances ; par vos importans services, touchez même le cœur des riches impitoyables de Sion et de Samarie ; par les mérites de votre charité, détournez de leurs demeures les châtimens réservés à ceux qui refusent de partager le malheur de leurs frères. *Væ qui opulenti estis in Sion... et nihil patiebantur super contritione Joseph* (2)!

(1) Isaï. 18. — (2) Amos 6.

Or, Chrétiens, ce Joseph broyé par la tribulation, brisé sous le marteau de la douleur, ces frères dans l'affliction et la souffrance, ces malheureux dans l'humiliation et la disgrâce, dont nous nous efforçons de vous reproduire l'image sous mille formes aussi fidèles que désolantes; ces pauvres sans pain, sans vêtemens, sans asile, j'ai presque dit sans patrie, sans lois, sans religion, sans culte, sans Dieu, pour lesquels nous essayons de vous émouvoir, que la Providence nous charge de recommander à votre pitié : ce sont particulièrement aujourd'hui ces petites créatures que nous avons rassemblées sous vos yeux; ce sont des enfans qu'un souffle pestilentiel a comme entassés les uns sur les autres dans tous les coins de cette capitale et dans les campagnes de ce diocèse. Non, l'épée d'Hérode et de ses satellites ne fut ni plus meurtrière ni plus cruelle envers les innocens de la Judée, que ne l'a été pour ceux de notre pays le *talon* glacé de ce *tyran* inflexible, pour me servir des expressions de l'Ecriture (1), qui, du

(1) Job 18.

sein de la fière et voluptueuse Asie tombant à l'improviste sur les royaumes et les empires, vint en personne et sans émissaires se promener dédaigneusement sur nos têtes, écrasant sous son pied de fer nos parens, nos amis, nos familles, sans distinction d'âge, de sexe, de rang, de fortune; sans avoir égard aux plaintes de Rachel, aux gémissemens de Jacob, aux lamentations de Rama, aux cris de Bethléem, à la consternation d'Israël en effroi.

Le dirai-je, mes frères, et cette pensée ne rentre-t-elle pas naturellement dans mon sujet? Le sort de ces saints Innocens qu'un glaive homicide immola sur le berceau de Jésus-Christ peut-il être comparé à celui de ces milliers d'enfans victimes du fléau destructeur, pour lesquels nous ne craindrons point de fatiguer votre attention non plus que votre charité? Fleurs des martyrs, moissonnées au point du jour comme les roses naissantes qui tombent sous la fureur de l'aquilon, s'ils n'ont point connu les délices de ce monde, ils n'en ont point éprouvé les rigueurs. Arrachés dès leur printemps aux doux embrassemens d'un père désolé, à l'amour d'une mère inconsolable, ils n'ont pu sentir ce que c'est que la douleur de les perdre, le malheur de les avoir perdus. Troupe de bienheureux, que l'apôtre saint Jean avoit vus debout sur la céleste montagne, environnant avec les vieillards le trône de l'Eternel; rachetés de la terre, choisis entre les hommes pour être consacrés à Dieu et à l'Agneau, comme les prémices de ses élus et les premiers fruits de sa mort, ils se jouent au milieu des palmes et des couronnes éternelles; jamais le mensonge ne s'est trouvé sur leurs lèvres; purs et sans tache, ils suivent l'époux des vierges partout où il va, et leurs bouches sans souillure répéteront à jamais l'hymne parfaite dont le Seigneur aime à tirer sa gloire, et le cantique nouveau que seuls ils ont le privilége de chanter. MAIS NOS PAUVRES ORPHELINS! Maintenant qu'ils sont privés de l'appui naturel que pouvoit espérer leur jeune âge, qui veillera sur leur enfance? qui dirigera leurs premiers pas? qui préparera la nourriture convenable à leur tempérament débile? qui couvrira leurs membres délicats? qui leur prodiguera des soins maternels? Et ensuite, qui étudiera leurs inclinations naissantes? qui réformera leurs penchans? qui façonnera leurs cœurs à la vertu? qui préservera leur jeunesse des dangers qui l'attendent? qui instruira leurs mains au travail? qui s'inquiétera de les rendre utiles à la société et à la patrie? qui les sauvera enfin? qui leur assurera les espérances de la vie future, après leur avoir procuré la paix de la vie présente? Ce sera vous, mes frères, si vous comprenez tout ce qu'il y a de rigoureux et de sombre dans la condition d'un orphelin, s'il nous est donné de vous faire mesurer toute la profondeur de cet abîme : *Orphano tu eris adjutor* (1).

Qu'est-ce donc qu'un orphelin? Ah! que ce nom retrace à lui seul de maux et de dangers! Un orphelin! c'est-à-dire un tendre Ismaël dont Agar dans la solitude s'éloigne précipitamment pour n'avoir pas la douleur de le voir périr sous ses yeux; un autre Moïse exposé dans le berceau sur les grandes eaux de la tribulation. Un orphelin ! c'est-à-dire un innocent foible et sans ressources, dont les forces et la raison sont encore enveloppées sous les langes, luttant déjà

(1) Ps. 9.

contre tous les assauts du besoin; un nouveau-né détaché subitement du sein qui le porta, sevré avant le temps, voué dès l'entrée de la vie à une mort presque certaine, ou condamné à une existence plus cruelle que la mort même. Un orphelin! c'est-à-dire une jeune fille à peine sortie des périls de l'enfance, jetée sans protection au milieu de la corruption du siècle, errante et vagabonde, exposée à l'insulte, sans autre défense que sa détresse et ses larmes, recueillie peut-être par le vice et obligée de choisir entre l'honneur et la vie. Un orphelin! c'est-à-dire un fléau lancé dans la société dont il sera tout à la fois la honte et la terreur, qui cherchera à se délivrer à tout prix du poids de l'infortune qui l'accable, qui tentera de se faire une existence aux dépens de qui il appartiendra, sans calculer ni la désolation dont il frappera les familles, ni les châtimens qu'il appellera sur lui. Un orphelin! c'est-à-dire encore un monstre odieux, un criminel dégoûtant qui, après avoir vécu dans l'opprobre, terminera ses jours dans l'ignominie. Un orphelin!.. et pourquoi n'achêverois-je pas devant une assemblée chrétienne? Oh! combien ce dernier trait, mes frères, doit exciter votre sensibilité et votre zèle! Un orphelin, c'est-à-dire peut-être un réprouvé qui, après avoir subi la rigueur de la justice humaine, gémira éternellement sous les redoutables coups de la vengeance divine.

En est-ce assez? En est-ce trop? Vous savez si j'exagère et si j'ai pu rendre avec vérité les scènes affreuses dont vous avez été vous-mêmes les témoins. Dites-le nous : lorsque dans les jours consacrés aux bonnes œuvres, la charité vous a conduits dans les hôpitaux, dans les prisons, ou dans les combles de cette demeure que l'on ne peut aborder sans risques; ou bien lorsqu'un zèle plus ardent vous a poussés dans la honteuse retraite du crime où les remords avoient pénétré avant vous; lors, dis-je, que dans ces vénérables exercices vous recherchiez la cause de tant de maux qui s'offroient à votre vue, lorsque vous demandiez à en connoître la pénible histoire, n'avez-vous pas entendu souvent commencer un lamentable récit par ces paroles après lesquelles rien ne vous étonnoit plus : Je fus délaissée dès mon jeune âge, j'étois orpheline; et la suite ne faisoit que vous révéler les conséquences de ce premier malheur.

Voilà, mes frères, ce que la Providence nous a chargé solidairement de réparer ou de prévenir, en nous ordonnant de plaider devant vous la cause de l'orphelin aussi bien que celle du pauvre. *Orphano tu eris adjutor* (1).

Si les motifs que nous venons d'examiner ensemble ne suffisoient pas pour vous déterminer à accepter et à remplir cette noble et touchante mission, il nous seroit facile d'en trouver d'autres non moins puissans pour vous amener à la connoissance, à l'accomplissement des desseins et de la volonté de Dieu sur vous. La reconnoissance, la foi, votre intérêt personnel, telles sont, mes frères, les considérations auxquelles il vous seroit impossible de résister. Ne vous lassez point d'un développement que j'abrégerai malgré son importance.

La reconnoissance! Rappelez-vous un instant, mes frères, ces jours de désolation et d'épou-

(1) Ps. 9.

vante où vous apprîtes pour la première fois la sinistre nouvelle de l'invasion, du progrès, du débordement, des ravages de cette épidémie désastreuse qui remplit de craintes et de ruines la reine de nos cités; la mort, un bandeau sur les yeux, circulant dans nos rues, dictant ses arrêts, marquant d'un sceau presque toujours ineffaçable les habitations où elle avoit résolu de tenir ses assises. Nulle précaution, nul préservatif, nul remède contre son souffle empoisonné, nul moyen d'échapper à l'attaque, nulle envie de la braver. Le plus prompt à prendre la fuite n'étoit point assez agile, le plus vaillant n'étoit plus maître de son cœur; la tombe ouverte jour et nuit dévoroit les générations sans être apaisée; on trembloit, on prenoit le deuil, on eût dit les funérailles de tout un peuple. Oh! comme alors vous tourniez vos regards et vos pensées vers celui qui tient en sa main les clefs de la mort et de l'enfer! Comme vous adressiez au ciel de ferventes prières pour vous, pour vos enfans, pour vos proches! Rien ne vous coûtoit alors, vous eussiez volontiers offert en sacrifice d'impétration une portion considérable de vos biens, pour obtenir de conserver avec l'autre la santé et la vie. Et, si vous aviez fait à cette occasion quelques vœux au Seigneur! Je ne l'examine point. Mille sont tombés à votre gauche et dix mille à votre droite. Le mal n'a point approché de vous, ou bien, s'il vous a touchés, par une de ces exceptions rares et miraculeuses, il ne lui a point été donné de vous vaincre. Si vous n'avez pu conserver tous ceux qui vous étoient chers, vous avez eu du moins la consolation de ne les voir sortir de ce monde qu'avec le sacrement de la réconciliation et de la paix. Votre reconnoissance s'affoibliroit-elle, à mesure que l'époque du bienfait s'est éloignée? Ne savez-vous pas que l'ingratitude tarit la source des grâces? Or est-il un moyen plus solennel de signaler votre reconnoissance que de consacrer un peu de votre superflu au soulagement de ceux dont le torrent a emporté toutes les ressources, et qu'il a laissés en s'écoulant se débattre avec toutes les nécessités? *Orphano tu eris adjutor* (1).

Après les jours de malheurs et de calamités,

(1) Ps. 9.

comme après ceux de la victoire et du triomphe, c'est une pratique universelle que de rendre de solennelles actions de grâces à la divinité, de lui offrir des sacrifices, de constater par quelque monument le passage de sa miséricorde ou de sa justice sur la terre. Dans la religion primitive, sous l'ancienne loi, parmi les païens, chez tous les peuples qui ont eu la connoissance de Dieu, qui n'ont point voulu subir la honte ou le ridicule de vivre sans lui, cette coutume fut constamment observée comme un devoir. Les pères de famille, les patriarches, les prophètes, les législateurs, les conquérans, les chefs des nations, juges, rois, consuls ou pontifes auroient craint, auroient rougi d'y manquer. Il n'est même point d'homme qui ne sente le besoin d'y satisfaire. A l'aspect du danger, aux prises avec la douleur, si nous tournons les yeux, si nous poussons des cris vers le ciel, comme le témoignage d'une ame naturellement chrétienne, dit Tertullien; lorsque le péril a cessé, lorsque la douleur s'est évanouie, c'est encore au ciel que s'adressent les premiers hommages du calme et de la délivrance. L'histoire du peuple juif est surtout remarquable, mes frères, par la multitude des observances qui lui rappeloient un bienfait en même temps qu'elles cachoient une énigme; et l'on peut dire que si son culte étoit une figure continuelle, il étoit également une perpétuelle action de grâces. Quoique ce ne soit pas ici le lieu de vous expliquer en détail les ordonnances, les lois, les cérémonies qui, chez les Hébreux, se lioient au souvenir des grâces reçues, nous ne pouvons nous défendre de vous en rappeler une des plus remarquables qui nous paroît avoir quelques rapports avec la circonstance qui vous rassemble. Je veux parler de cette Pâque légale célébrée de race en race, en mémoire de la protection de Dieu sur son peuple. De génération en génération on devoit en transmettre le souvenir, les pères étoient obligés d'en donner la signification à leurs fils. Quand vos enfans vous diront : Quel est ce culte? *Quæ est ista religio* (1)? Vous leur répondrez : C'est le passage du Seigneur, c'est la victime que nous immolons pour le remercier d'avoir épargné nos

(1) Exod. 12.

maisons lorsqu'il frappa toutes celles de l'Égypte. *Victima transitûs Domini est* (1).

Il en sera dit autant, mes frères, du sacrifice de charité que vous venez offrir à cette époque en faveur de nos enfans. Votre concours, vos aumônes abondantes, attesteront votre reconnoissance pour le bienfait qui vous a préservés du fléau. Dans les annales de l'Eglise de Paris, l'OEuvre des orphelins du choléra-morbus sera inscrite comme un témoignage de gratitude. Si l'on nous demande : Que signifie ce conseil d'hommes généreux et désintéressés qui consentent à en surveiller les intérêts; cette réunion de dames illustres par leur miséricorde plus encore que par leur nom, qui se dévouent à la récolte des secours nécessaires à sa prospérité ; que veulent dire ces personnes compatissantes, ces prêtres, ces pasteurs, ces chrétiens de tout rang, de toute opinion, qui viennent apporter au pied de cette chaire le fruit de leurs épargnes, de leurs économies, de leurs privations? Nous répondrons avec attendrisse-

(1) Exod. 12.

ment : C'est le passage du Seigneur : *Transitus Domini* (1); c'est l'oblation de cœurs reconnoissans envers la bonté divine. *Victima transitûs Domini est* (2). Ces enfans vont disparoître avec la solennité qui les a rassemblés; mais l'œuvre de leur adoption restera. Lorsqu'elle sera parvenue à son terme, ces chers orphelins, dispersés dans les rangs de la société, ne raconteront l'histoire de leur vie qu'en redisant, mes frères, votre reconnoissance avec la leur. *Victima transitûs Domini est* (3).

Monument de votre reconnoissance, l'OEuvre de nos orphelins deviendra en second lieu le témoignagne de votre foi. Tout ce que vous ferez pour elle, conseils, recommandations, démarches, visites, quêtes, offrandes, seront autant de preuves, de signes, d'actes de votre foi. Preuves d'autant plus manifestes, signes d'autant plus sensibles, actes d'autant plus fervens, que vous aurez plus de zèle, de générosité, de persévérance à seconder les efforts qui l'ont établie et qui la soutiennent depuis près de trois années.

(1) Exod. 12. — (2) *Ibid.* — (3) *Ibid.*

Vous l'aimez cette foi, mes frères, vous désirez qu'elle domine dans vos cœurs, que son règne s'affermisse parmi nous. Vous la regardez avec raison comme le fondement solide sans lequel l'édifice social s'affaisse et s'écroule. Vous voudriez lui susciter partout des apologistes qui la défendent, des prédicateurs qui la publient, des apôtres qui la consolident dans les ames. Une voie facile vous est ouverte : multipliez les œuvres de la miséricorde, ne vous lassez pas de faire du bien à vos frères; osez parcourir avec constance l'immense carrière que la charité en personne est venue tracer sur la terre. Ainsi vous propagerez l'Evangile, ainsi vous vengerez votre foi, ainsi vous la ferez triompher des préventions et des attaques que les pécheurs ont multipliées contre elle. C'est la parole de Jésus-Christ lui-même, l'auteur et le consommateur de notre foi. Il nous assure que c'est à l'amour que nous aurons les uns pour les autres, qu'il appartiendra de persuader à tous, sans une longue suite de raisonnemens et de conséquences, la beauté de sa doctrine, la vérité de sa morale, la divinité de sa religion, la sincérité de notre foi. *In hoc cognoscent omnes quia discipuli mei estis* (1). Oh! mes frères, m'écrierai-je ici, en empruntant la pensée d'un grand Evêque, oh! mes frères, le beau symbole que celui qui va chercher dans la sacrée dilection le principe, la victoire, la perpétuité de sa foi!

Mais parmi les œuvres de la charité auxquelles cette puissance de conviction appartient comme au miracle, il en est une que l'Esprit saint a désignée en termes exprès de manière à vous en faire concevoir la plus haute idée, à vous déterminer à l'adopter comme une des preuves les plus manifestes de votre foi. La religion pure et sans tache aux yeux de Dieu, notre Père, écrivoit l'apôtre saint Jacques, est de visiter les orphelins dans leur affliction. *Religio munda et immaculata apud Deum et Patrem hæc est, visitare pupillos in tribulatione eorum* (2). Remarquez, mes frères, et remarquez-le avec un de nos plus célèbres prédicateurs, que l'Ecriture ne dit pas qu'une partie de la religion consiste à

(1) Joan. 13. — (2) Jacob. 1.

visiter les orphelins et à les secourir; mais qu'elle dit absolument qu'en cela consiste la religion, la religion pure et sans tache, la religion parfaite, *religio munda et immaculata.* Et vous conviendrez avec nous que le soin que vous prendrez de ces enfans sera aussi un acte, une profession plus particulière de votre foi, une preuve et un témoignage authentiques que vous donnerez de votre religion.

Combien cette considération générale ne seroit-elle pas fortifiée, mes frères, par l'examen des conséquences que doit avoir pour notre foi le soin ou l'abandon de ces orphelins! Je ne reviens pas sur des détails qui ne vous ont déjà paru que trop sensibles. Vous avez pu juger par comparaison tout ce qui résulteroit d'hommages pour Dieu, de l'empressement et de la fidélité à procurer aux orphelins le bienfait d'une adoption chrétienne, et au contraire toute la gloire dont il seroit privé par le coupable délaissement de l'indifférence. Vous en avez conclu sans doute que, loin d'abandonner ou de négliger le soin de ces pauvres enfans, vous continueriez à offrir au Seigneur, par leurs bouches innocentes, le sacrifice de louanges et de bénédictions qu'il a droit d'attendre de votre foi. *Ex ore infantium et lactentium perfecisti laudem* (1).

Elle paroît, elle étincelle, elle éclate de toutes parts cette foi, mes frères, à l'occasion de l'OEuvre de nos orphelins. Il n'est pas jusqu'au choix que vous faites de nous pour la diriger, il n'est pas jusqu'à la confiance que vous nous accordez d'en être les économes, jusqu'à l'office que vous nous conférez de distribuer à votre chère famille le pain de votre bienfaisance, qui ne soit un gage non équivoque de votre foi. L'honneur que vous nous décernez, l'estime dont vous nous entourez ; le dirai-je ? l'amour dont vous nous donnez une preuve si touchante, rejaillissent sur la religion. Quand vous remettez vos offrandes entre des mains consacrées à ses divins mystères, vous témoignez vouloir qu'elles participent à sa bénédiction ; c'est un culte que vous prétendez rendre au Seigneur ; c'est à Jésus-Christ lui-même, le grand pasteur de brebis, comme l'appelle saint Paul, c'est au

(1) Psal. 8.

souverain prêtre, au pontife des biens futurs, à l'apôtre de notre foi, à l'évêque de vos ames que vous avez la noble ambition de plaire et d'obéir, lorsqu'à la parole de votre Archevêque, vous détachez vos boucles et vos bracelets, vous déposez vos chaînes et vos pierreries, vous vous répandez en de riches profusions sur les infortunés que sa tendresse vous recommande; car, mes frères, que sommes-nous donc après tout, pour réclamer une distinction et mériter la préférence? Un son fugitif, une cymbale retentissante, une voix qui crieroit vainement dans le désert en faveur du pauvre et de l'orphelin, si nous n'étions pas aussi les précurseurs du Très-haut, les interprètes de ses volontés, les dispensateurs de ses grâces, ses ambassadeurs et ses lieutenans auprès de vous. Paul n'est rien, Apollon et Céphas peu de chose, si l'on ne veut pas considérer en eux les ministres de Jésus-Christ; et c'est Jésus-Christ, dit ailleurs l'apôtre, qui est tout en tous : *Omnia in omnibus Christus* (1).

Achevons, passons plus avant, pénétrons à

(1) Col. 3.

l'aide de la foi jusqu'au-delà du voile. Dans ces jours consacrés à honorer l'aimable enfance du Verbe fait chair, près de la crèche où sa pauvreté est devenue la richesse du monde, en présence d'une assemblée aussi pieuse, dois-je hésiter à vous parler d'un nouvel acte de votre foi? Pourquoi craindrois-je de vous en demander une nouvelle preuve, mais des plus fortes, mais des plus parfaites, mais des plus propres à dilater vos cœurs attendris, mais des plus capables de vous déterminer à tous les sacrifices qu'elle exige, et de vous éclairer d'un seul trait de lumière sur vos plus chers intérêts, en vous faisant comprendre tout ce qu'elle renferme pour vous de dédommagement et d'assurance.

Nous lisons dans l'Evangile que Jésus-Christ, voulant donner à ses disciples une leçon d'humilité et de charité tout ensemble, plaça au milieu d'eux un de ces petits enfans qu'il aimoit à caresser et à bénir, et leur dit avec cette autorité et cette douceur qu'il imprimoit à toutes ses paroles : En vérité, en vérité quiconque reçoit en mon nom ce petit enfant, c'est moi-même qu'il reçoit ; *Quisquis unum ex hujusmodi pueris receperit in nomine meo, me recipit* (1). Vous le comprenez, dans ce peu de mots, tout le mystère de la divine charité, tout le secret et tout le prix de votre foi. Jésus a paru une fois sur la terre, sous la forme d'un enfant pauvre et délaissé. C'est assez pour notre salut. Ah! s'il y étoit encore, qui de vous l'auroit abandonné dans sa petitesse et son infirmité? qui de vous ne lui auroit prodigué toute espèce de secours? Vous fût-il venu à la pensée une seule excuse? Avec quel empressement vous l'eussiez pris entre vos bras, pressé contre votre cœur, réchauffé sur votre sein! quelles privations ne vous auroient semblé désirables et délicieuses! Hé bien il est au milieu de vous. Ne le reconnoissez-vous pas dans la personne de ces orphelins qu'il a substitués en sa place? Ils sont en grand nombre, j'en conviens, six cents, mes frères. N'importe, Jésus les embrasse tous; gardez-vous d'en mépriser un seul, non plus parce que leurs anges dans le ciel voient la face de Dieu; mais parce qu'il n'en est pas un seul qui

---

(1) Marc. 9.

ne vous représente votre Dieu. *Quisquis unum ex hujusmodi pueris receperit in nomine meo, me recipit* (1). Recevez-les donc, mes frères, pour l'amour de Jésus, au nom de Jésus, ou plutôt, recevez Jésus lui-même en les recevant. Devenez, en consentant à être leurs bienfaiteurs, leurs protecteurs, leurs libérateurs, leurs sauveurs, devenez les bienfaiteurs, les protecteurs, les libérateurs, les sauveurs de Jésus lui-même. *Quisquis unum etc.*

Or sus, Mesdames, c'étoit la parole encourageante et naïve de *saint Vincent de Paul;* or sus, mes frères, le voilà ce divin pauvre qui vous a été confié, ce céleste orphelin, qui, pour vous, est descendu des splendeurs immortelles, afin de devenir votre obligé, votre client, votre pupille. Voyez quelle vocation sublime, mes frères; mais aussi écoutez quel magnifique négoce. Celui de qui découle toute paternité au ciel et sur la terre, vous remet la garde et la tutelle de son Fils bien-aimé : *Tibi derelictus est pauper : orphano tu eris adjutor* (2). Un jour viendra où ce Fils,

---

(1) Marc. 9. — (2) Ps. 9.

l'objet des complaisances du Père, quittera ses langes, sortira de l'état d'abaissement où il veut que nous le reconnoissions dans le plus petit des membres de son corps mystique; il paroîtra dans la gloire. Alors vous l'entendrez vous dire en présence de ces orphelins et à la face de l'univers :
« En vérité, en verité, tous les services que vous
» avez rendus au moindre de mes frères, c'est
» à moi-même que vous les avez rendus.
» Venez, les bénis de mon Père, possédez le
» royaume qui vous a été préparé dès le com-
» mencement du monde. »

Ainsi soit-il.

www.ingramcontent.com/pod-product-compliance
Lightning Source LLC
LaVergne TN
LVHW051507090426
835512LV00010B/2387